AF595250

FÊTE

MAÇONNIQUE ET PATRIOTIQUE,

DONNÉE

Au Général Lafayette,

S∴ G∴ I∴ G∴ 33e DEGRÉ,

PAR LES LOGES DU RIT FRANÇAIS

ET DU RIT ECOSSAIS RÉUNIS,

LE 10 OCTOBRE 1830, E∴ V∴

51

PARIS,

IMPRIMERIE DE SÉTIER,

RUE DE GRENELLE SAINT-HONORÉ, N° 29.

—

1830.

FÊTE

MAÇONNIQUE ET PATRIOTIQUE,

DONNÉE

AU GÉNÉRAL LAFAYETTE.

La séance est ouverte au premier degré, dans un temple richement décoré, où brillent de toutes parts les couleurs nationales, par le S.·. Grand Commandeur du Rit écossais, le T.·. Ill.·. F.·. duc de Choiseul, pair de France, ayant à ses côtés l'Ill.·. F.·. comte Alexandre de Laborde, membre de la Chambre des Députés, et premier aide-de-camp de S. M. Louis-Philippe, Roi des Français; tous les deux désignés par les Loges pour présider cette grande réunion maçonnique et patriotique. Le T.·. Ill.·. F.·. Maréchal Macdonald, duc de Tarente, Grand-Maître Adj.·. du G.·. O.·. de France, qui devait partager cette présidence, s'est trouvé dans l'impossibilité de répondre au vœu des Ateliers.

Le second maillet est tenu par le T.·. Ill.·. F.·. Vuillaume, membre dignitaire du Suprême Conseil de l'Écossisme en France, et le troisième, par le T.·. Ill.·. Barantin, membre du G.·. O.·.

Le F.·. Berville, nommé Orateur par les Loges, est à son banc. Les Ill.·. FF.·. Odillon-Barrot, et Mérilhou, pareillement désignés pour cette fonction, sont absens, étant retenus par les affaires publiques.

L'Ill.·.F.·. Caille remplit d'office les fonctions de secrétaire, sur l'invitation du Grand Commandeur.

On remarque à l'Orient un grand nombre de dignitaires de l'Ordre dans les deux Rites, et sur les colonnes sont placés trois cents Maçons, dans le nombre desquels se trouvent de grandes notabilités sociales.

La musique, dirigée par le F.·. Aimond, chef d'orchestre du Théâtre-Français, exécute un morceau d'ouverture analogue à la Fête.

Les Maîtres des Cérémonies annoncent les Membres du Sup.·. Cons.·. de l'Écossisme, et ceux du G.·. O.·. de France.

Le Président ordonne d'aller recevoir ces Ill.·. Maçons dans les parvis du Temple, et de leur rendre tous les honneurs qui leur sont dus. Ils sont introduits, maillets battans, sous la voûte d'acier, et conduits à l'Orient : la musique exécute le chant : *Où peut-on être mieux*.... Le Président célèbre leur présence en ces termes :

« Ill.·. Membres des Autorités régulatrices des deux Rites,

» Votre présence dans ce temple y répand la joie et l'espérance. C'est la première fois depuis trop long-temps que les Rites français et écossais se donnent la main, pour se réunir à l'autel de la concorde, de la tolérance et de l'amitié.

» Je diffère de quelques instans seulement l'expression des vœux de la Maçonnerie et de mes vœux personnels. Je dois me borner à célébrer l'entrée dans cette enceinte des Illustres FF.·. Membres du G.·. O.·. et du Sup.·. Cons.·. du Rit écossais ancien et accepté. Je ne doute pas que je ne sois l'interprète des sentimens de toutes les Loges ici réunies dans cette imposante solennité, en provoquant un triple applaudissement, dont le premier sera au Rit français, le second au Rit écossais, et le troisième au mélange spontané des batteries des deux Rites, symbole de leur union. »

L'Ill.·. Vénérable fait applaudir de la sorte au milieu de l'assentiment le plus fraternel.

Les maîtres des cérémonies annoncent ensuite l'arrivée des FF.·. blessés dans les glorieuses journées de juillet, et initiés dans les dernières tenues des Loges de l'O.·. de Paris.

Une députation est chargée de les introduire avec les honneurs maçonniques, et sous la voûte d'acier, tous les FF.·. debout et à l'ordre. Le président leur adresse la parole :

« Mes FF.·.,

» Le sentiment que votre présence inspire, l'enthousiasme qu'elle fait naître, vous attestent que le monde maçonnique, comme le monde profane, célèbre la gloire impérissable des dignes vengeurs de la patrie et de l'humanité. Vos titres à l'immortalité ne seront pas seulement inscrits sur le marbre par le fidèle burin de l'histoire, ils resteront gravés d'âge en âge dans le cœur des Français et de tous les hommes libres de l'un et de l'autre hémisphère. La postérité, comme vos contemporains, applaudira à ceux qui, dans les trois grandes journées de juillet, ont mis le comble à l'héroïsme de l'action par la sublimité de la clémence.

» Déjà, dans la Chambre des Pairs, j'ai payé un juste tribut d'éloges à tant de vertus, en présentant un rapport sur les récompenses nationales qui vous sont dues, et que vous décernera la patrie reconnaissante ; que je m'estime heureux du nouveau choix qui me rend en ce jour, l'organe de tant de maçons distingués, pour vous honorer, pour vous féliciter ! Recevez donc, braves maçons, recevez nos hommages unanimes avec l'expression de notre admiration. »

Le président fait tirer en l'honneur des FF.·. blessés une triple batterie française et écossaise, au milieu des cris répétés de : « Vivent nos Ill.·. FF.·. blessés ! vivent les défenseurs de la patrie ! vivent les restaurateurs de notre liberté ! »

L'Ill.·. F.·. Dupin aîné, orateur du Suprême Conseil de l'écossisme, est l'interprète des FF.·. blessés, et répond en ces termes :

« Grand Commandeur, et vous tous mes FF.·.,

» S'il fût jamais un mandat honorable, c'est celui que je reçois aujourd'hui de nos FF.·. blessés dans ces immortelles journées de juillet. Je l'accepte avec reconnaissance. En est-il, en effet, un plus beau que celui de porter la parole pour ceux à qui nous devons d'être désormais membres d'un État libre, de vivre sous les lois d'une Charte en harmonie avec nos désirs et nos besoins, dont le premier gardien est le Roi citoyen, que nous devons à la glorieuse révolution qui vient de nous replacer à la tête de la civilisation! Sans doute, mes FF.·., les valeureux Maçons pour qui je parle en ce moment, doivent vivre dans la postérite ; partout ils seront reçus comme les patrons de nos libertés reconquises. C'est leur récompense ; mais vous venez de leur en décerner une bien douce et bien glorieuse par l'accueil tout fraternel et patriotique que vous leur avez fait, et je les prie de se joindre à moi pour vous en témoigner leur gratitude. »

Ces batteries sont couvertes avec enthousiasme au milieu de nouveaux cris de « Vivent nos immortels blessés de juillet ! vivent les sauveurs de la Patrie ! »

La musique exécute le chant national de la Parisienne.

L'Ill.·.F... comte Muraire, lieutenant-grand-commandeur du rit écossais, obtient la parole pour remercier les Loges au nom du Sup.·. Cons.·. de l'écossisme :

« Grand Commandeur,

» Si les membres du Sup.·. Cons.·. et de la Grande Loge

centrale de France au Rit écossais ancien et accepté viennent toujours, et avec bonheur, se rallier sous votre direction et se réunir à leurs FF.·., quels nouveaux motifs d'empressement n'ont-ils pas trouvés dans la circonstance spéciale de ce jour !

» Une fête votée en l'honneur du respectable et à jamais illustre Lafayette,.. de l'homme au nom duquel se rattachent tous les genres de gloire, toutes les pensées de liberté, d'humanité, de tolérance, de civilisation, et par conséquent toutes les espérances du bonheur du monde ;...

» Une fête où viennent se mêler et se retracer les glorieux souvenirs de la Grande Semaine,..... où l'héroïque population de Paris, à laquelle l'honneur de cette Semaine appartient tout entier, est représentée par ces citoyens généreux dont les honorables blessures attestent le courage, le dévouement et le patriotisme ;....

» Une fête dont l'intention et l'hommage s'élèvent jusqu'au trône constitutionnel sur lequel l'AMOUR ET LA CONFIANCE DU PEUPLE, SEULS TITRES LÉGITIMES D'UNE VÉRITABLE LÉGITIMITÉ, ont placé un Roi sincèrement citoyen.....

» Une fête enfin, qui, par la réunion des élémens dont elle se compose, et par le concours de Maç.·. de tous les Rits, offre le présage heureux d'une paix universelle et de cette touchante fraternité dont la Maçonnerie, loin de se diviser elle-même, doit joindre l'exemple au précepte.....

» Une telle fête pouvait-elle nous trouver indifférens à son objet, à sa direction, à son but, à ses conséquences ?

» Non.... ; et, profondément pénétrés des sentimens que la solennité de ce jour réveille dans toutes les âmes, nous accourons en déposer l'hommage sur cet autel, dans les mains de notre digne et illustre chef.

» Nous y déposons aussi nos vœux les plus sincères pour la prospérité toujours croissante de notre belle patrie, et pour l'affermissement des bases, seules convenables à sa dignité, sur lesquelles la victoire et la sagesse l'ont si heureusement replacée. »

L'Ill.·. F.·. comte Muraire, auquel se joignent les membres du Sup.·. Cons.·., ainsi que ceux du G.·. O.·., remercient par les batteries des deux rites.

« Je ne répondrai pas, dit le Grand Commandeur, à l'honorable F.·. comte Muraire, que vous venez d'entendre; mes FF.·., mes paroles seraient trop faibles en comparaison de celles d'un pareil orateur; que pourrai-je ajouter qui valût cette noble expression des sentimens les plus généreux rendus avec la plus touchante simplicité?

» Je me bornerai donc à le remercier au nom des FF.·. qui composent cette brillante réunion, en le priant d'agréer leur hommage et le mien en particulier. »

A l'instant tous les FF.·., debout et à l'ordre, confondent leurs applaudissemens.

La musique exécute le chant national de la Marseillaise.

Les maîtres des cérémonies annoncent que le T.·. Ill.·. F.·., général Lafayette, est arrivé dans le parvis du Temple.

Le Grand Commandeur désigne une députation de sept membres pour recevoir et introduire l'Ill.·. général. Le comte Muraire préside cette députation. Arrivé à l'extérieur du Temple, il complimente le T.·. Ill.·. F.·. Lafayette et se félicite d'être le premier interprète des sentimens de la maçonnerie française et écossaise auprès du grand Citoyen dont la France s'honore. Le T.·. Ill.·. F.·. général Lafayette répond avec émotion, que c'est un premier bonheur pour lui, en entrant dans ce Temple, d'y être reçu par un ancien ami.

Il est conduit au trône sous la voûte d'acier, maillets battans, aux cris répétés de « Vive Lafayette! vive le héros des deux Mondes! » Il est placé à la droite du président, qui prononce le discours suivant :

« Ill.·. F.·. Lafayette, et vous tous mes FF.·.,

« Depuis la glorieuse révolution qui, vengeant les outrages faits au peuple français, a donné au monde ce grand et utile spectacle d'une punition aussi prompte que terrible de la violation des sermens les plus saints, des tentatives aussi coupables qu'infructueuses, dont le but était d'anéantir le pacte fondamental, et d'y substituer l'antique despotisme; depuis ces trois journées à jamais mémorables, nulle réunion Maçonnique n'avait encore pu célébrer cette immortelle époque avec la pompe et la solennité dignes de notre reconnaissance.

» Les Maçons régis par leurs lois, peuple invisible au milieu d'un monde profane, soumis aux lois générales, tout en conservant la scrupuleuse observance de leurs rites au milieu du mouvement universel, se reconnaissant par leurs signes, identifiés par des principes aussi antiques que le monde; ce peuple de frères a vu avec la joie la plus pure le triomphe de la liberté, de l'égalité; triomphe sacré qui rend à la France sa dignité, ses droits et sa puissance. Avec quelle admiration n'a-t-il pas vu le grand acte d'héroïsme national qui a brisé le sceptre d'une royauté oppressive, et succéder au dernier combat, livré pour la liberté, l'ordre avec un gouvernement fort et constitutionnel! Quel spectacle sublime que celui d'un peuple vainqueur offrant le trône héréditaire au Prince le plus digne, au Prince décoré de toutes les vertus civiques, au Prince qui combattit pour la liberté de la France, qui porta le premier avec orgueil nos couleurs nationales, au Prince qui ajoute encore à ses droits à la couronne, déférée par une acclamation générale, le titre si cher à tous les cœurs de Monarque-Citoyen !

» Notre devoir, mes FF.·., est de consacrer le premier instant de cette majestueuse réunion, à l'hommage, au respect et à la reconnaissance que nous devons exprimer au Roi des Français et à son auguste Famille.

» Saluons par une triple acclamation de respect et de fidélité notre Roi, la Reine, l'héritier du trône et toute la famille royale. »

Une triple batterie française et écossaise est tirée au milieu d'un enthousiasme universel, aux cris de « Vive le Roi des Français ! Vive la Famille royale ! »

Après ce juste tribut d'hommage, l'Ill.·. Président continue :

« Je vous demande encore quelques momens d'attention, mes FF.·., et votre bienveillante indulgence.

» Un honneur inespéré m'était réservé en ce jour. Choisi par les Loges dont les bannières décorent ce temple, je me suis demandé quel était l'objet de cette réunion ; quel but se proposait-on ; et surtout par quel motif si flatteur pour moi, des Ateliers qui ne suivent pas le Rit écossais, qui sont placés sous la direction du G.·. O.·. de France, ont-elles nommé, pour un de leurs présidens, le chef du Rit écossais ancien et accepté.

» Ah ! si jamais les principes d'amitié, de conciliation, de tolérance universelle que j'ai si souvent invoqués et proclamés dans le Sup.·. Cons.·. et dans la Grande Loge centrale écossaise ; si jamais leur application a pu se faire avec éclat, avec pompe ; c'était sans doute dans la solennité de ce jour où vous avez voulu consacrer à jamais leur triomphe. Qu'il me soit donc permis de bénir doublement la glorieuse époque qui brise les entraves de tous les genres de despotisme, et qui ne reconnaît dans les maçons de tous les rites, que des amis, des égaux et des frères.

» Je dois, en ce jour exprimer ma pensée tout entière. Combien m'eût-il été doux de trouver en cette enceinte l'illustre maréchal que les Maçons français ont le bonheur d'avoir pour chef, et de lui faire hommage des insignes d'une autorité que chacun aime à reconnaître en lui, et de voir le maillet maçonnique remplacer un moment cette épée brillante, qui toujours a montré le chemin de la victoire !

» Je me disais dans cette pensée patriotique, que rien n'était impossible, dans un moment où toutes les sommités sociales disparaissent devant le grand citoyen qui décore cet Orient; la vertu qui a réuni les respects et les hommages des deux mondes, pouvait, devait étendre sa noble influence sur ces deux grandes fractions du peuple Maçon, qui, séparées par des règles particulières, par des observances différentes, se réunissent et se confondent dans un même culte : celui de la bienfaisance et du dévouement à l'humanité.

» Si mes vœux n'ont pas obtenu une réussite complète, il est cependant permis de se livrer à un juste espoir. Cette réunion fortunée amènera d'heureux résultats. Peut-être un jour, ce jeune Prince élevé par la France, ce Prince qui, comme Pierre-le-Grand, participe à tous nos travaux en devenant l'émule et l'exemple de toutes les classes de la société, ce Prince, *simple canonnier* et placé sur la première marche du trône, sera-t-il le chef de la voûte maçonnique, supportée également par deux Rites égaux, quoique distincts par leurs institutions, mais appartenant essentiellement au même ordre qui est un et indivisible. Avec quelle joie et quel empressement ne déposerions-nous pas tous nos droits personnels sous cette nouvelle et royale égide! Et pourrait-on hésiter à tous ces sacrifices! Quelle vanité stupide, quels calculs honteux et puérils, pourraient s'opposer à ce grand acte d'union et de tolérance! J'en exprime ici le vœu le plus sincère, et je le proclame dans cette enceinte.

» Et vous, Général, vénérable F.·., noble exemple des vertus civiques; vous, dévoué au culte de la liberté légale, illustre guerrier, grand citoyen, honneur du peuple maçon, comme vous l'êtes du monde profane, laissez-moi me féliciter du bonheur si doux de fêter, au nom de tous les rites maçonniques, votre personne et votre gloire. C'est ici que l'égalité reconnaît votre prééminence, sans éprouver aucune atteinte ; c'est ici que l'ami de Washington, le fondateur de nos gardes civiques, le représentant des libertés françaises et américaines, le prisonnier d'Olmutz, le député courageux, le commandant en chef de nos forces nationales, l'illustre 33ᵉ du Conseil suprême d'Amérique, se trouve cependant, malgré tous ces titres réunis, sous le niveau maçonnique, et ne voit que des frères au milieu de la foule de ses admirateurs.

» La nature aime à produire par intervalles sur la masse, ces grandes créations historiques, ces caractères immuables qui ne transigent jamais avec leurs opinions, qui, fidèles à leurs devoirs, portent avec eux un trait magique de fixité. A leur aspect, et comme par enchantement, s'anéantissent la puissance des hommes pervers et les institutions qui paraissaient les plus solidement établies : on dirait que la Providence les fait apparaître sur la scène du monde pour consoler l'humanité, pour montrer que rien ne résiste à une vertu constante, pour prouver que les caractères loyaux, fermes et incorruptibles, triomphent de toutes les injustices et survivent à toutes les puissances oppressives.

» Tel est le noble spectacle que ce jour nous présente. Nous parlons de vous, devant vous-même, sans embarras et sans déplaire à votre modestie : nous parlons de vous comme l'histoire. L'homme célèbre ne s'appartient plus, la vérité l'isole, les considérations sociales n'influent ni sur les louanges qui lui sont accordées, ni sur la modestie qui les repousse ; on dit ce qui a été, ce qui est, et c'est peut-être le sublime de l'éloge.

» Si, à côté d'une si grande renommée, il peut être permis d'attirer un moment vos regards sur une ombre à ce tableau, il me semble bien doux de profiter du hasard heureux qui me met en présence d'une telle destinée, pour y joindre l'expression de quelques sentimens personnels. Je ne puis me flatter d'intéresser par des vicissitudes vulgaires, mais lancé, dès mon jeune âge, dans les affaires publiques, mes premiers rapports avec vous, illustre général, datent des prisons où je fus jeté sous le poids d'un acte d'accusation de l'Assemblée constituante. Ces rapports, qui pouvaient être pénibles, consacrèrent dès ce moment mes sentimens de reconnaissance. On a vu souvent des cœurs généreux et faits pour s'entendre, éprouver successivement, malgré les opinions diverses, les mêmes persécutions et le plus funeste sort. Mais, dans cette lutte des passions humaines, dans ces combats de l'autorité contre la liberté, on se sentait honoré et consolé, lorsque la générosité et la vertu protégeaient le malheur et s'opposaient aux résultats les plus injustes et les plus funestes. C'est pour moi un devoir et un bonheur de proclamer ici ma reconnaissance pour les soins protecteurs dont vous m'avez environné dans des temps de gloire pour vous, et pour moi de persécutions. Mes liens ont été souvent desserrés par vos ordres, et mon existence compromise a été garantie par votre puissance. J'ai été depuis votre soldat, et je le suis encore. Simple garde national alors, simple garde national aujourd'hui, c'est moi qui reçois mon général; il est même soumis au mail'et qui m'est confié. Combien ce signe de la puissance maçonnique aurait d'éclat s'il était possible qu'il pût se trouver dans vos mains! Mais qu'il me serve en ce moment de moyen pour vous porter le tribut des hommages que les Loges réunies dans ce temple vous adressent, pour vous exprimer nos sentimens fraternels et pour entourer de nos vœux celui qui est à la fois l'hôte de l'Amérique et l'honneur de la France.

» Rappelé par les devoirs maçonniques à cette simplicité primitive dont vous présentez le noble et heureux modèle, permettez que ce modeste cordon de maître, si relevé par sa simple inscription, vous soit présenté au nom des Loges françaises et écossaises. Il vous rappellera que ce jour est un jour de bonheur pour nous tous, puisque nous pouvons nous décorer du titre flatteur d'AMIS, de FRÈRES de LAFAYETTE.

Le G.·. Commandeur, aidé par le T.·. Ill.·. F.·. comte Alexandre de Laborde, président, revêt alors le T.·. Ill.·. F.·. Lafayette du cordon de maître qui lui a été décerné, et où sont brodés en lettres d'or ces mots :

LES MAÇONS DES DEUX RITES A LEUR ILL.·. F.·. LE GÉNÉRAL LAFAYETTE, 10 OCTOBRE 1830.

Tous les FF.·. sont debout et à l'ordre ; une triple acclamation exprime de nouveau les sentimens d'affection qu'ils éprouvent pour un général vrai patriote, si cher à tous les Français et à tous les Maçons.

Tous les regards se dirigent spontanément vers l'autel, et jouissent du rapprochement historique qu'a produit cette fête. A l'Orient se trouvent en ce jour réunis le prisonnier d'Orléans, le naufragé de Calais et le prisonnier d'Olmutz.

Le premier, est le duc de Choiseul, sauvé en 1791 par le second, qui est le général Lafayette, sauvé lui-même d'un acte d'accusation capitale dans l'assemblée legislative par le vénérable comte Muraire qui siège maintenant auprès de lui !

L'Ill.·. F.·. Lafayette prend la parole et dit avec attendrissement :

« Dès mes premiers pas dans cette enceinte, mon cœur a été vivement ému à l'aspect de la brillante réunion dont je me suis vu entouré, et surtout à l'aspect de ces nobles couleurs ; de ce signe indélébile de la liberté qui nous a rendu notre force. Comment vous exprimer ma reconnaissance pour les éloges peu mérités que vous venez de m'adresser par la bouche de votre T.·. Ill.·. Vénérable !

» Pardonnez à la faiblesse de mes expressions; après les siennes, je ne saurais rien dire, rien ajouter : mon émotion est trop vive; l'éloge aussi est un fardeau beaucoup trop pesant pour mes vieux ans ; vous m'en accablez aujourd'hui avec trop peu d'indulgence, et je veux m'en venger en vous offrant l'hommage de mes remercîmens par un triple Vivat. »

Les batteries de l'Ill.·. F.·. Lafayette ne sont pas couvertes, par respect.

Le Grand Commandeur donne la parole au F.·. Berville.

Cet orateur, après un épisode sur la victoire nationale de juillet, où son talent paie un juste tribut d'éloges aux braves Parisiens, trace à grands traits la carrière politique du général Lafayette. Il le suit dans le Nouveau-Monde, où, signalant ses premières armes, notre jeune héros scella de son sang la liberté américaine.

De retour dans sa patrie, l'ami de Washington et de Franklin, nommé député de la noblesse aux États-Généraux, en 1789, vote la réunion des trois ordres ; président de l'Assemblée constituante, il proclame l'immortelle déclaration des Droits de l'Homme et du Citoyen. L'établissement du jury en France est réclamé par lui, ainsi que l'affranchissement des noirs. Nommé commandant de la Garde Nationale parisienne, il préside aux destinées de la liberté, en garantissant son triomphe, inséparable de l'ordre public.

L'orateur intéresse vivement lorsqu'il peint le général Lafayette, victime de son dévouement à la royauté constitutionnelle. Proscrit après la catastrophe du 10 août, fuyant sa patrie livrée à tous les excès de l'anarchie, il cherche un asile sur une terre étrangère ; arrêté, contre le droit des gens, aux avant-postes autrichiens, il est jeté dans les prisons de Luxembourg et ses jours même sont en péril. Bientôt il se voit arracher de ces prisons pour être replongé dans celles d'Olmutz.

O triomphe de la piété conjugale ! madame Lafayette, digne émule de l'Eponine gauloise, obtient, à force de supplications, de pouvoir partager les fers de son illustre époux ; elle se constitue la captive d'Olmutz. Un tel dévouement devient le plus sublime éloge de celui qui l'inspire.

Le F.·. Berville retrace l'infâme proposition de la cour d'Autriche au général Lafayette, d'accepter, pour prix de la liberté, un commandement de ses armées contre la France. « Je préfère, répondit-il, mille fois la mort au crime dont on n'a pas rougi de me croire capable ! »

Ici l'orateur est interrompu par les plus vifs applaudissemens. Tous les FF.·. ont saisi le rapprochement que présente cette époque de la vie du général Lafayette avec celle où le vainqueur de Salamine, proscrit par sa patrie, reçut une pareille proposition de la cour de Perse, et ne survécut pas à cette double infortune, chacun se dit : La France, plus heureuse qu'Athènes, a recouvré son Thémistocle.

L'orateur peint la miraculeuse délivrance du général Lafayette en 1797 ; le jeune vainqueur de Marengo en fait une des conditions secrètes du traité de Campo-Formio, et, par cette stipulation, il ajoute à la gloire de cette journée.

Tous les genres de faveurs et de dignités sont offerts par Napoléon, successivement consul et empereur, au général Lafayette, pour se l'attacher ; mais le favori de la fortune ne peut parvenir à distraire l'amant passionné de la liberté de l'objet exclusif de son culte.

Le F.·. Berville arrive à l'époque désastreuse de 1815. Napoléon a dépassé le terme de sa destinée ; son sceptre de fer, trop long-temps appesanti sur nous, s'est brisé, la

France subit le fléau d'une seconde invasion étrangère. Dans cette perplexité, il tente de prolonger son pouvoir. Le général Lafayette, alors membre de la chambre des députés, se constitue organe de la nation, et place Napoléon dans l'alternative immédiate de l'abdication ou de la déchéance.

L'orateur rappelle le célèbre voyage du général Lafayette aux États-Unis, quarante-six ans après la déclaration de leur indépendance. Quel contraste avec les proscriptions de la vieille Europe, que les fêtes triomphales décernées par la jeune Amérique à l'un de ses libérateurs! Quelle immense ovation que celle où deux nouvelles générations d'hommes libres pressant avec enthousiasme, avec amour, le compagnon d'armes de leurs pères, qui vient constater l'épreuve du temps sur les institutions de la liberté dont il est un des fondateurs!

Enfin, le F.·. Berville ramène notre héros dans sa patrie; elle a besoin de son fils aîné, elle le retrouve fidèle à sa voix. Sous la toge du législateur, comme sous l'armure du guerrier, elle peut compter sur lui.

Les fatales ordonnances du 25 juillet sont publiées; c'est le dernier acte de la royauté du digne successeur de Charles IX. L'étendard de la contre-révolution est arboré dans la capitale, le signal de la guerre civile est donné; le général Lafayette parait au poste du péril entouré des braves Parisiens, et leur crie: « Vous avez les premiers versé votre sang pour la liberté, vous le verserez encore les derniers pour elle! »

Après trois jours d'une lutte sanglante et miraculeuse, l'héroïque population de Paris a triomphé. Aux abdications de Charles X et de son fils, également parricide, le général Lafayette répond: « la branche aînée de la race des Bourbons a cessé de régner en France. »

Il proclame le nouveau Monarque porté spontanément au trône par le peuple souverain. *Voilà le Roi qu'il nous fallait*, dit-il; *c'est la meilleure des républiques*!

L'orateur termine cette éloquente improvisation en ces termes : « Choisissez, général, choisissez vous-même, entre les trois grandes époques d'illustration de votre carrière politique, celle où vous acquîtes le plus de gloire. Est-ce l'époque de vos premières armes pour la cause de la liberté en Amérique? Est-ce l'époque de la terrible épreuve des cachots de Luxembourg et d'Olmutz, où, vous élevant au-dessus du malheur, vous repoussâtes d'humiliantes propositions? Est-ce l'époque où, vous retrouvant le contemporain d'une nouvelle génération de Parisiens, vous avez rétabli avec elle la liberté conquise sous vos ordres par la génération précédente? Nous reconnaissons notre impuissance pour la préférence à donner à l'une de ces grandes périodes de votre vie sur les autres.

Ce sont trois triomphes à jamais inséparables, qui ne forment qu'un faisceau unique de gloire : à défaut d'expressions qui puissent suffire à votre éloge, nous nous inclinons avec respect devant notre Grand Citoyen, devant le guerrier patriote, devant le fidèle mandataire de la Nation. O Lafayette! jouis d'une renommée acquise par tant de travaux; la postérité la plus reculée redira avec attendrissement que tu as contribué à la liberté des deux Mondes.

L'Ill.·. Président fait applaudir maçonniquement à ce discours éloquent qu'on regrette de ne pouvoir reproduire textuellement, ayant été improvisé sur de simples notes. Le F.·. Berville remercie par les mêmes batteries, qui sont couvertes avec un nouveau témoignage de satisfaction.

Le F.·. Coudret, jeune médecin distingué de Paris, est appelé à la tribune, pour réciter une pièce de vers dont il est l'auteur, intitulée le *Présent* et le *Passé*.

Voici cette pièce :

LE PRÉSENT ET LE PASSÉ.

Qu'au mépris des regards d'un siècle qu'il abhorre,
Un autre, s'il le veut, ose vanter encore
Les arts, les lois, les mœurs et l'éclat du passé;
Que son luth mensonger, inspiré par la haine,
Célèbre sans frémir de notre antique chaine
Le souvenir presqu'effacé.

Que de la vérité maudissant la lumière,
Il vante des vieux temps l'obscurité grossière,
Où, sous le poids des fers lâchement incliné,
L'homme, au sein de l'erreur, languissait sans murmure,
Où l'on voyait partout le front de l'imposture
Par l'ignorance couronné;

Où de l'intolérance, en crimes si féconde,
La main d'un crêpe affreux obscurcissait le monde;
Où le vœu des tyrans était seul exprimé;
Où Galillée, armé du crayon du génie,
S'écriait : » Elle tourne..... et pourtant on le nie,
Et pourtant je suis opprimé! »

Que des Croisés enfin célébrant la mémoire,
De leurs sanglans exploits, la honte de l'histoire,
Il déroule à nos yeux les déchirans tableaux;
Ou bien qu'au nom du ciel, maudissant sa patrie,
Il regarde en secret Henri comme un impie,
Et Ravaillac comme un héros!

Aux lugubres accens de sa muse vendale,
Aux transports odieux que sa fureur exhale,
Comme un faible tribut de sa férocité,
De mépris et d'horreur mon âme se soulève;
Mais en songeant à vous, elle se calme et rêve
Au bonheur de l'humanité.

Oui, je rêve au bonheur de voir enfin le monde
Jouir avec excès, dans une paix profonde,
Des fruits de la raison et de la liberté;
Oui, j'y rêve surtout lorsque je vous contemple,
O vous! que l'amitié réunit dans ce temple
Au banquet de l'égalité.

Déjà de l'avenir, précurseur salutaire,
Un murmure imposant agite au loin la terre
Et lui prédit l'éclat de ses destins nouveaux;
Déjà chaque tyran sur son trône chancelle :
La Liberté renait, et sa voix immortelle
Partout enfante des héros.

Ici, des fils d'Omar bravant l'aveugle rage,
Lafayette nouveau, Fabvier, par son courage,
Court délivrer la Grèce et le berceau des Dieux;
Ici, Canaris seul menace Alexandrie,
Là, le vieux Botzaris, pour venger sa patrie,
Médite un trépas glorieux.

Ici, trois pavillons, trois nations rivales,
Unissent les efforts de leurs foudres navales
Pour venger les beaux-arts, les lois, l'humanité;
Là, le brave Bisson, par sa mort magnanime,
Semble avec l'avenir faire un pacte sublime
De gloire et d'immortalité.

Mais, tout à coup, au bruit de soudaines alarmes,
Paris de tous côtés s'agite et crie : Aux armes!
A ce cri mille échos répondent à la fois ;
A ce cri tout Paris n'est plus qu'un champ de gloire
Où chaque citoyen médite une victoire,
Ou meurt en défendant ses droits.

Au Louvre, au pont d'Arcole, une foule d'esclaves
Ont osé, mais en vain, contre un peuple de braves,
Défendre un sceptre affreux par le massacre usé;
Dans des ruisseaux de sang, enfantés par ses crimes,
Au milieu des débris de vingt mille victimes,
Le sceptre sanglant s'est brisé.

O Lisbonne, ô Madrid, Berlin, Naples, Bruxelles,
Que tant de sang versé, que des leçons si belles
Ne soient point, sous vos yeux, perdus pour l'avenir :
Les Français ont enfin vaincu la tyrannie :
Pour triompher comme eux, pour venger la patrie,
Comme eux sachez vaincre ou mourir.

Mais pendant qu'à grands flots une élite guerrière
De son sang généreux arrose au loin la terre,
Et de la liberté relève les remparts,
De bienfaiteurs nouveaux une élite chérie
Accourt avec ardeur sur les pas du génie
Effacer les traces de Mars.

Du soleil d'Austerlitz, les uns chantent les charmes;
Les autres, pour tarir la source de nos larmes,
Dans nos lois, dans nos mœurs, font régner l'équité,
Et ceux-ci, remontant le Nil jusqu'à sa source,
Vont, du pied du Cénar jusqu'aux climats de l'ourse,
Interroger l'antiquité.

D'Homère et d'Aristote, émules intrépides,
Sur les cendres d'Argos, au pied des Pyramides,
Des trésors du passé, volez nous enrichir.
Vos travaux des Neuf-Sœurs embelliront l'asile,
Et des fers qu'Apollon reçut dans la Sicile,
Sauront venger le souvenir.

Ces tyrans et ces dieux, objets de tant d'hommages,
Qui, nés comme un torrent au milieu des orages,
« Devaient par quelqu'orage être un jour emportés, »
Ces esclaves armés pour défendre leur chaîne,
Ces trônes, ces autels élevés par la haine,
Et par la crainte respectés;

Tous ces titres, enfin, créés par l'égoïsme,
Et ces héros martyrs, si chers au despotisme,
Par le souffle du temps seront anéantis,
Tandis qu'à la clarté du flambeau de la gloire,
Des siècles à venir, traversant la mémoire,
Vos noms seront toujours chéris.

Gloire à vous, gloire au sang de tant de jeunes braves,
Dont le fer généreux a brisé nos entraves,
Gloire à ceux dont la voix défend la liberté !
Gloire au Roi citoyen qui combattit pour elle,
Et qui voit comme nous, dans la Charte immortelle,
Une éternelle vérité !

Gloire enfin, gloire à vous, héroïnes nouvelles
Qu'on vit dans nos grands jours, aussi tendres que belles,
Sous la faux du trépas secourir nos guerriers !
Pour immortaliser d'aussi nobles courages,
Nos cœurs reconnaissans n'ont point assez d'hommages,
Ni la France assez de lauriers !

Ces beaux vers prononcés avec chaleur inspirent un enthousiasme général. L'auteur a prouvé qu'Apollon est réellement à la fois le dieu de la Poésie et de la Médecine. Si le F.·. Coudret s'est distingué par une brillante versification, il s'est honoré par de belles actions. Dans les glorieuses journées de juillet, il a multiplié les actes de dévouement et d'humanité, en pansant les blessés jusque sous le feu de l'ennemi. Le président le félicite en le comblant d'éloges, et fait applaudir maçonniquement.

Le Grand Commandeur donne lecture d'une lettre qu'il reçoit à l'instant d'un des FF... blessés dans les grands jours de juillet ; le R.·. F.·. James, Vénérable titulaire de la Loge du Bouclier Français, à l'O.·. de Paris. Voici cette lettre intéressante :

O.·. de Paris, le 10e jour du 8e mois de l'an de la V.·. L.·., 5830.

TT.·. Ill.·. FF.·.,

Le Héros des Deux-Mondes, l'illustre Lafayette, accepte la fête que vous lui avez offerte.

J'aurais pu y assister ! j'aurais pu voir au milieu des FF.·. les plus célèbres, le modèle de la Maçonnerie et du patriotisme.

Mais, grièvement blessé le 28 juillet, en combattant pour nos libertés, je n'ai point encore quitté le lit.

Aujourd'hui, pour la première fois, ma blessure m'a semblé douloureuse.

Recevez, je vous prie, T.·. Ill.·. FF.·., l'expression de mes regrets, et l'assurance de mon entier dévouement.

P.·. L.·. N.·. M.·. C.·. D.·. E.·. D.·. L.·. V.·. L et A.·. L.·. H.·. Q.·. V.·. S.·. D.·.

A. James.

Vénérable de la Loge du Bouclier français.

Tous les FF.·. sont debout et à l'ordre pendant la lecture de cette lettre, écrite de la main du F.·. blessé.

Le G.·. Commandeur fait applaudir par une triple batterie au F.·. James, qui a si bien mérité de la patrie.

La collecte, pour les blessés des grands jours de juillet, est faite par deux FF.·. chargés de recueillir l'offrande dont l'objet est sacré pour les Maçons. La musique exécute des chants patriotiques.

Les Commissaires de la fête annoncent que le banquet est servi ; le Président suspend les travaux, et, suivi des Ill.·. FF.·. qui décorent l'O.·., il s'avance vers la salle du banquet ; les colonnes suivent avec ordre, précédées par les premier et second grands Surveillans. La musique exécute une marche guerrière.

Travaux du banquet.

La salle du banquet offre le plus brillant aspect. Trois cents convives y prennent place. Pendant la durée du premier service la musique continue d'exécuter des airs patriotiques et maçonniques. Le service terminé, le Président remet les travaux en vigueur pour la première santé : celle du Roi des Français et de son auguste famille.

« *Je ne doute pas*, dit-il, *que cette santé ne soit portée avec enthousiasme.* C'est la première fois, mes FF.·., que nous nous réunissons sans crainte et sans entraves ; la liberté civile et religieuse, dont nous devons le triomphe à notre Monarque citoyen est désormais la garantie de la liberté maçonnique : environnons sans cesse ce Roi patriote de notre respect, de notre amour, de notre fidélité. Il multiplie chaque jour les preuves de son dévouement à la patrie ; que tous les cœurs, comme tous les bras, soient à lui ; soyons également dévoués à son auguste famille, couvrons-la d'un bouclier impénétrable, n'est-elle pas le plus noble espoir de nos descendans ! »

Cet ordre répété sur les colonnes, le Président donne le signal du premier feu en ces termes :

« *Au Roi citoyen, au père de la patrie.*

» Second : *A son auguste famille, notre plus chère espérance.*

» Troisième : *A nos institutions libérales, dont le Monarque des Français est le premier soutien.* »

Cette santé est applaudie par la triple batterie française et écossaise, aux cris répétés de « Vive le Roi ! vive son auguste famille !

La musique exécute l'air : Où peut-on être mieux qu'au sein de sa famille.

Le Président remet momentanément son maillet au T.·. Ill.·. F.·. comte Alexandre Delaborde, l'un des Présidens de cette fête, et l'invite à porter la seconde santé. Le F.·. Delaborde prend la parole et dit :

« Officiers du G.·. O.·. de France, membres du suprême Conseil de l'écossisme en France, et vous tous mes FF.·., j'ai la faveur de vous proposer une santé bien chère aux vrais patriotes, et à tous les Maçons dignes de ce nom, c'est celle de l'hôte illustre que nous fêtons en ce jour, qui est venu s'asseoir avec nous au banquet de l'amitié, et partager nos travaux, prouvons-lui combien sa présence nous honore, combien sa vie, si noblement consacrée à l'affranchissement des Deux-Mondes, trouve parmi nous des appréciateurs !

» Premier feu : *Celui du dévouement absolu au général Lafayette.*

» Second feu : *Éternelle reconnaissance de tous les hommes libres au Héros des Deux-Mondes.*

» Troisième feu : *A la longue durée d'une vie aussi précieuse à l'humanité. Puisse le grand Architecte de l'univers lui accorder autant de jours qu'il a fait battre de cœurs généreux !* »

Ce vœu est spontanément répété par tous les convives avec toute la chaleur du sentiment.

Au milieu des batteries maçonniques, renouvelées à plusieurs reprises, la musique exécute l'air de la Marseillaise.

L'Ill.·. F.·. Lafayette répond en ces termes :

« Chacune des heures que je passe au milieu de vous m'apporte une nouvelle émotion, et fait contracter à mon cœur un surcroît d'obligations, en le laissant dans l'impuissance de les acquitter toutes. Si ma vie publique a commencé de bonne heure par des travaux pénibles, si l'on m'a vu persévérer avec constance dans mes principes, c'est que tous mes sentimens m'y portaient. Pourquoi donc m'en faire un titre exclusif que je suis loin de rechercher. Celui dont je suis fier, c'est celui dont vous parlez le moins, celui d'être votre frère, de vivre avec vous dans ce monde maçonnique qui n'admet que l'égalité, l'égalité, mes FF., que, comme citoyens, nous commençons à comprendre, en matière politique et religieuse, et qui, à l'exemple de la Maçonnerie, fait de tous nos compatriotes un peuple de frères.

» Puis-je mieux vous le prouver qu'en vous proposant ce toast :

» *A l'union générale de tous les Maçons, quels que soient leur Rit et leurs opinions* ! Puissions-nous bientôt les voir réunis sous la voûte d'un seul temple dont les colonnes reposeront sur les deux hémisphères !

» A moi, mes FF.·.

» Premier feu : *Hâtons de tous nos moyens l'accomplissement de ce vœu.*

» Second feu : *A la prospérité de l'ordre maçonnique et à son active influence sur les progrès de la civilisation ; ils y sont essentiellement attachés.*

» Troisième et dernier feu : » *Que tous les ouvriers appelés à la construction du grand édifice moral se gardent de le changer, par leurs discordes, en un œuvre de confusion, tandis qu'il est de leur devoir de le transmettre à la postérité, achevé et consolidé.* »

L'Ill.·. F.·. général Lafayette remercie ensuite par la triple batterie française et écossaise, qui n'est point couverte, par respect.

Le Président reprend le premier maillet. Le F.·. colonel Texier de la Pommeraye obtient la parole.

« Mes FF.·., dit-il, il y a cinq ans lorsque l'Ill.·. F.·. Lafayette descendit sur la plage de Philadelphie, j'eus le bonheur d'être choisi parmi les Français accourus sur son passage, pour porter la parole. C'est ce discours que je prononçai le 27 septembre 1824, que je vais avoir la faveur de vous faire entendre.

Général,

Permettez à un ancien militaire français, que les terribles convulsions de 1814 et 1815 ont repoussé du sein de sa patrie, de cette chère patrie pour laquelle il combattit trente-trois années, de présenter l'hommage de sa vénération au compagnon de gloire de l'immortel Washington.

L'histoire de tous les peuples de la terre n'offre point d'exemple d'un enthousiasme comparable à celui que votre présence a causé dans ces heureux climats ; de même qu'il n'est point de réception plus sincère, plus touchante que celle dont vous honore tous les jours et à chaque instant le peuple américain.

Cet immense concours d'individus de toutes les classes et de tous les âges que vous contemplez avec émotion, ne sont point des esclaves que la crainte ou l'ambition traîne aux pieds des tyrans ; mais des hommes libres et égaux en droits, qui se pressent à l'envi autour de leur bienfaiteur, pour lui offrir le juste tribut de leur amour, de leur admiration et de leur reconnaissance.

Parmi cette foule innombrable de citoyens, il en est très-peu qui aient été témoins de votre valeur et de votre généreux dévouement pour la cause de leur pays; mais leurs pères leur ont transmis les actions qui vous ont illustré; et cette impression est aussi profonde, elle est aussi bien gravée dans leur âme que s'ils eussent eux-mêmes combattu à vos côtés. Il serait donc inutile de rappeler ici tout ce que vous avez fait de concert avec le grand Washington, pour assurer l'indépendance et le bonheur des États-Unis d'Amérique. Mais je ne puis passer sous silence une époque de votre vie, qui seule vous conduirait à l'immortalité : ce fut le 2 août 1822, au moment, où étant accusé en France, d'avoir eu des intelligences secrètes avec l'infortuné Berton, vous montâtes à la tribune de la chambre des députés, en vous adressant à cette multitude d'hommes effrénés, vous eûtes le courage de manifester vos sentimens, en vous exprimant ainsi : « Quelle que soit mon indifférence » habituelle pour les inculpations de parti, je crois devoir » ajouter quelques mots à ce qu'ont dit mes honorables amis. » Pendant le cours d'une carrière dévouée tout entière à » la cause de la liberté, j'ai constamment mérité d'être en » butte à la malveillance de tous les adversaires de CETTE » CAUSE, sous quelque forme despotique, aristocratique, » anarchiste, qu'ils aient voulu la combattre ou la dénaturer; je ne me plains donc point, quoique j'eusse trouvé » un peu leste, le mot *prouvé* dont M. le procureur du roi » (Mangin), s'est servi à mon égard; mais je m'unis à » mes amis pour demander la plus grande publicité, au » sein de cette assemblée, en face de la nation. C'est là » que nous pourrons, mes accusateurs et moi, dans quelque » rang que nous soyons placés, nous dire sans complimens

» ce que, depuis trente-trois années, nous avons eu mutuel-
» lement à nous reprocher. »

Ce court impromptu prononcé avec le calme d'un grand caractère, et à la face d'un parti nombreux qui vociférait des cris de haine et de vengeance, signale un des plus beaux momens de votre existence, et cette conduite est celle d'un Bayard sans peur comme sans reproche.

Les outrages et les persécutions sans nombre que vous avez éprouvés sur l'autre hémisphère, ne sont dus qu'à votre zèle et à votre attachement inébranlable pour le bien de l'humanité, et ce sont ces vertus qui, aujourd'hui, vous rendent l'idole d'une nation qui sait honorer et reconnaître en vous le coopérateur et l'ami du fondateur de la liberté américaine.

Général, un aigle, emblême de la force et de la puissance, étendait ses ailes protectrices sur votre tête, au moment de votre arrivée dans la belle rade de New-Yorck; il semblait apporter le présage que les Américains marcheront toujours sur vos traces, et qu'ils sauront soutenir avec gloire l'édifice majestueux à l'élévation duquel vous avez si puissamment concouru.

A la suite d'un banquet offert à l'Homme des Deux-Mondes, j'ajoutai :

Général, les guirlandes qui s'offrent à vos yeux, ne formeront ni des couronnes ni des diadêmes, mais seulement un tissu de fleurs telles que la nature nous les prodigue, et les rubans tricolores qui en ornent le contour, offrent des nuances, dont l'une nous rappelle le courage et la persévérance que vous avez déployés contre les oppresseurs de l'humanité; l'autre est l'image de la victoire que vous en avez obtenue; la troisième, par sa blancheur, peint la pureté de votre âme.

Le G.·. Commandeur fait applaudir maçonniquement à

ce discours. Le F.·. remercie, et les batteries sont couvertes. Il reçoit les félicitations de l'Orient.

Le Président invite aussitôt les deux grands Surveillans à se préparer pour la troisième santé. Tous les FF.·. étant debout et à l'ordre. « Il est, dit-il, des hommages qu'on aime à rendre et à renouveler. Nous avons reçu dans le Temple des FF.·. qui ont bien mérité de la patrie en combattant pour elle; je me suis efforcé de leur exprimer tous les sentimens que leur courageux civisme nous inspire; aidez-moi maintenant, mes F.·., à porter leur santé; nous y joindrons celle de tous les Français blessés comme eux dans les grandes journées des 27, 28 et 29 juillet dernier, et qui n'ont pas la faveur d'appartenir à l'association maçonnique.

» Premier feu : *Aux braves Français, nos FF.·., qui ont généreusement versé leur sang pour la patrie, et qui ont survécu pour jouir du triomphe de la liberté.*

» Second feu : *A leurs dignes compagnons de gloire blessés, comme eux, dans notre dernière lutte contre la tyrannie.*

» Troisième feu : *Puisse la patrie acquitter bientôt la dette de la reconnaissance envers eux, et transmettre leurs noms héroïques à la postérité par un monument digne de la grande nation.* »

La triple batterie française et écossaise couvre cette santé, portée au milieu des cris : Gloire à nos FF.·. blessés, et à tous les Français qui ont combattu et versé leur sang pour la patrie !

L'Ill.·. F.·. Dupin aîné répond au nom des FF.·. blessés, voici sa brillante improvisation :

« T.·. P.·. S.·. Grand Commandeur, et vous tous mes FF.·.

» Il serait bien malheureux celui qui, au milieu de cette réunion fraternelle, aurait besoin de préparation pour exprimer les émotions qu'elle fait naître dans tous les cœurs! Quelle solitude pourrait mieux inspirer un orateur que cette brillante assemblée !

» Chargé, pour la seconde fois, dans le cours de cette solennité, de porter la parole au nom de nos héroïques défenseurs, je crois exprimer fidèlement leur pensée , en reportantmes justes éloges sur celui qui en est le principal objet, sur le Héros de cette fête maçonnique et patriotique, dont la seule présence excite l'enthousiasme au milieu de nous.

» Combien je regrette de ne pas voir ici le plus jeune de mes frères ! sa voix, amie des Maçons, s'unirait à la mienne pour saluer en commun le vétéran de la liberté; la nouvelle génération, celle qui doit fixer cette liberté parmi nous, saluerait, en son nom, le grand citoyen qui combattit pour elle à son apparition parmi nous.

» Mes FF.·., rien ne manque à la gloire du général Lafayette. Il a assisté, il a coopéré puissamment à notre première révolution. Mais bientôt, hélas! car c'est trop souvent son destin, cette liberté a dégénéré en licence. Lafayette a vu ses efforts impuissans, ses généreuses intentions méconnues ; la calomnie d'abord, l'accusation ensuite, l'exil et la prison, sont devenus son salaire. Pendant ce temps, la France elle-même s'est vue opprimée par la terreur. Elle s'est relevée sous le consulat, couverte de gloire militaire sous l'empire ; mais la liberté civile, mais les véritables droits des citoyens ont continué d'être méconnus ; le territoire sacré a été souillé par la présence de l'étranger ; la restauration a mal tenu ses promesses ; elle a fini par les violer ouvertement ! Dans ce long intervalle, tout a changé plusieurs fois. les hommes et les institutions! Seul, peut-être, au milieu d'une nation de trente-deux millions d'hommes, on peut dire aujourd'hui de Lafayette : *Celui-là n'a jamais changé !*

(Ici l'orateur est interrompu par d'unanimes applaudissemens.)

» Mais si la liberté a été long-temps opprimée, l'heure de la venger a enfin sonné ! C'est alors qu'on a vu le général Lafayette, tel qu'on le vit toujours aux grandes époques de notre histoire, se mettre à la tête de la garde nationale parisienne, de ces citoyens généreux qui ont versé leur sang pour la délivrance de la patrie, et dont les glorieuses cicatrices commandent le respect et la reconnaissance de tous les Français.

(Nouveaux applaudissemens en l'honneur des blessés.)

» Mes FF.·., le général Lafayette n'a pas seulement voulu une délivrance de la capitale par la force des armes. D'accord avec les honorables citoyens qui veillaient sur les destinées de la patrie, il a voulu pour elle une liberté vraie ; non plus, comme par le passé, une liberté exprimée par de vains mots sans aucune réalité ; mais une liberté sérieusement garantie par les lois, une liberté large, qui permît à chacun de jouir de son individualité, de sa fortune, de son talent, de son industrie ; une liberté dégagée de privilége, fondée sur le droit commun, et qui n'eût pour limites que la devise même adoptée par la nation armée : *Liberté, ordre public.*

» C'est ainsi que l'entend notre roi Louis-Philippe ; ce roi-citoyen, qui se glorifie d'être l'*un de nous*, d'être français, d'être parisien ! Lafayette aime Louis-Philippe, parce que Louis-Philippe aime le peuple. Loin de vouloir, à l'exemple des autres rois, se renfermer dans le sanctuaire de la royauté, et se rendre invisible et inabordable, ce Roi aime à se montrer, à se communiquer à ses concitoyens. Il a fait élever ses enfans avec les nôtres, pour qu'ils eussent les mêmes goûts, les mêmes mœurs, les mêmes sentimens toujours français ! Sous cette dynastie toute nouvelle, saluée par les acclamations nationales qui ont retenti d'un bout de la France à l'autre, partout où le drapeau tricolore a été arboré, il y aura vérité dans les lois, sincérité dans le gouvernement, gloire au nom français ! C'est en ce sens que nous aurons la meilleure des républiques sous le meilleur des rois. Et si, pendant quelques années marquées par de grandes conquêtes, on a dit, en parlant du peuple français, *la grande nation* ! désormais on dira de ce même peuple, si grand dans les combats, si modéré dans la victoire, si intelligent dans le choix de ses institutions, si puissant dans le déploiement de sa force publique : *La France est la première de toutes les nations.*

1er F.·. *De respect pour le Général !*

2e F.·. *De respect et d'admiration pour ses grandes vertus !*

3e F.·. *A l'obéissance que les Gardes nationales lui ont vouée pour tout ce qui se rattache au bien public et à l'ordre qui en est inséparable.* ».

Il serait impossible de peindre l'enthousiasme qui s'empara de l'assemblée, et qui s'était manifesté déjà, à plusieurs reprises, pendant cette éloquente improvisation ; à peine fut-elle terminée, que les cris : VIVE LE GÉNÉRAL, VIVE DUPIN ! se firent entendre de toutes parts.

Un des FF.·. blessés demande et obtient la faveur de baiser la main du général Lafayette, qui la lui présente et serre affectueusement la sienne, au milieu de nouveaux applaudissemens.

Le premier grand Surveillant, l'Ill.·. F.·. Vuillaume, frappe de son maillet, et prie le G.·. Commandeur de lui donner la parole pour proposer une santé bien chère à tous les Maçons ; elle lui est accordée. Alors le premier G.·. Surveillant porte la santé du T.·. P.·. S.·. G.·. Commandeur, qui dirige avec tant d'éclat cette fête maçonnique. Il y joint celle de l'Ill. F.·. comte Alexandre de Laborde, si digne d'être le collègue du T.·. Ill.·. F.·. duc de Choiseul, dans cette présidence; il invite le F.·. Berville à se charger du commandement des feux. Cet orateur accepte et s'exprime en ces termes:

« Premier feu : *Au Grand citoyen qui, éprouvé par de longues proscriptions, n'en aima que plus sa patrie; à l'homme d'état, plus illustre par son mérite personnel que par sa naissance; c'est la santé du G.·. Commandeur duc de Choiseuil.*

Deuxième feu : *Au député loyal et éclairé, dont la vie entière est consacrée à l'humanité; son dévouement fut absolu dans nos grandes journées de juillet, après avoir administré, pendant cette glorieuse révolution, le premier département de France, il a mérité d'être choisi par le Roi des Français, pour son premier aide-de-camp; c'est la santé de l'Ill.·. F.·. Alexandre de Laborde, l'un de nos présidens.*

« Troisième et dernier feu : *A l'heureuse influence que ces deux présidens exercent sur les destinées de la Maçonnerie. Qu'ils soient les interprêtes des vœux simultanés du rit français et du rit écossais, pour appeler à la suprême direction de l'ordre, l'héritier du trône.* »

Une triple batterie française et écossaise est tirée en faveur de ces deux présidens, qui remercient, en protestant de leur entier dévouement à l'Ordre; ils portent eux-mêmes la santé de tous les Maçons qui composent cette brillante réunion, et répondent par les mêmes batteries, que le respect empêche de couvrir.

Les travaux, après avoir été suspendus de nouveau pour le second service, sont remis en activité au dessert; alors la parole est accordée par le G.·. Commandeur au F.·. Coudret, pour un chant dont il est l'auteur; le titre est : *Le 29 juillet.*

HYMNE PATRIOTIQUE

DÉDIÉE A S. A. R. MONSEIGNEUR LE DUC D'ORLÉANS.

AIR : *Dis-moi, Soldat, t'en souviens-tu?*

Dignes enfans de la France nouvelle,
Il en est temps, armez vos bras vengeurs,
Et qu'à vos pieds, de la Charte immortelle,
Tombent enfin les lâches oppresseurs.
Mais quoi ! déjà j'entends l'hymne chérie !
Je vois partout flotter nos vieux drapeaux !
Espère encore, ô ma noble patrie !
La liberté fait naître les héros.

Ceux qui, deux fois maîtres du capitole,
Firent vingt ans trembler tous les Etats,
Ces fiers vainqueurs de Fleurus et d'Arcole,
Dans leurs revers, n'ont cédé qu'au trépas ;
Ils ne sont plus ; mais leur sang fit éclore
Des héritiers dignes de leurs drapeaux ;
Ils ont vaincu, leurs fils vaincront encore :
La liberté fait naître les héros.

Bravant comme eux le fer et la mitraille,
Ces nobles fils, dignes d'un meilleur sort,
Trois jours sans pain, sur vingt champs de bataille,
Ont attendu la victoire ou la mort....
Sous les efforts de la foudre cruelle,
Pour nous venger, leur sang coule à grands flots ;
De quel éclat leur visage étincelle !
La liberté fait naître les héros.

Ils ont vaincu ces hordes étrangères
D'affreux soldats, pour le massacre armés,
Ces vils troupeaux d'infâmes prolétaires,
Ivres de sang et de meurtre affamés.
Ils ont vaincu ; mais, après leur victoire,
Leurs bras vengeurs épargnent leurs bourreaux ;
Quels souvenirs leur nom lègue à l'histoire !
La liberté fait naître les héros.

Au milieu d'eux, un vieux guerrier s'avance.
Que son triomphe éclaire l'avenir ;
Sous les lauriers qui protègent la France,
La liberté semble le rajeunir.
Près du héros, le peuple avec tendresse,
A vu le dieu qui doit finir ses maux ;
Dieu de Jemmappe, écoute son ivresse :
La liberté fait naître les héros.

Mais à ta vue, oh ! que la France est fière,
Digne héritier d'un héros couronné !
Que de splendeur présage à sa bannière,
Ce jeune front de gloire environné !
Si le clairon se fait encor entendre ;
S'il nous appelle à des dangers nouveaux,
Nous saurons tous mourir pour te défendre :
La liberté fait naître les héros.

Doux avenir, quel éclat t'environne !
Gloire aux enfans des vainqueurs d'Austerlitz !
La France est libre, Alger perd sa couronne,
De nouveaux dieux peuplent l'Acropolis.
De Washington renais, ombre immortelle ;
Foy, Manuel, sortez de vos tombeaux :
Venez revoir la France jeune et belle ;
La liberté fait naître les héros.

Le F.·. Coudret est prié de chanter le SECRET DU MAÇON dont il est l'auteur.

HYMNE DÉDIÉE AU T.·. Ill.·. F.·. DUC DE CHOISEUL.

AIR : *de la Sœur de Charité.*

Vivre et mourir pour sa Patrie,
Chérir la gloire et la raison :
C'est le secret du vrai Maçon. (*bis.*)

Des fureurs de l'hypocrisie,
Fuyant le spectacle odieux,
Dès long-temps la vertu bannie
Ne régnait plus que dans les cieux ; (*bis*)
Quand des Maçons la main féconde,
Pour rendre les dons aux mortels,
Dans un temple, ignoré du monde,
Lui créa de nouveaux autels.
Vivre et mourir pour sa Patrie, etc.

Bientôt la voix patriotique
De Lafayette et de Franklin,
Dans ce temple philanthropique,
Changea le sort du genre humain ; (*bis.*)
Pour instruire et venger la terre,
L'un sut ravir la foudre aux cieux ;
L'autre, à vingt ans, loin de sa mère
Prodiguait son sang généreux.
Vivre et mourir pour sa patrie, etc.

Grâce à la sagesse profonde,
Grâce aux succès de ces héros,
De sa chaîne le Nouveau-Monde
Vit tomber les premiers anneaux; (*bis.*)
Et ses champs, riches d'industrie,
Offrant un asile au malheur,
Devinrent la noble patrie
Des arts, des lois et de l'honneur.
Vivre et mourir pour sa patrie, etc.

Au bruit de leur char de victoire,
Au doux réveil de la vertu,
De Salamine et de la Loire
Les vieux échos ont répondu. (*bis.*)
En vain, d'Omar la hache impie
Fait couler le sang à grands flots,
La Grèce, au sein de l'incendie,
Enfante un peuple de héros.
Vivre et mourir pour sa patrie, etc.

Guidés par des leçons si belles,
Au banquet de l'égalité,
Couvrons de palmes immortelles
Les élus de la liberté. (*bis.*)
Par la vertu, non la naissance,
Sachons nous distinguer comme eux!
Et qu'un Maçon, dans l'abondance,
Soit toujours cher aux malheureux.
Vivre et mourir pour la patrie,
Chérir la gloire et la raison:
C'est le secret du vrai maçon.

Le G.·. Commandeur félicite de nouveau le poète et fait applaudir maçonniquement à cette nouvelle production d'un grand talent.

Le F.·. Saunière, avocat à la cour royale de Paris, vénérable titulaire de la Loge des Amis constans de la V.·. L.·., l'un des commissaires de la Fête, obtient la parole, et propose, en ces termes, une collecte en faveur des Belges :

« Mes FF.·.,

» Les premiers en France, nous avons brisé les entraves de la liberté qui doit appartenir à tous les peuples; elle parcourt maintenant l'Univers ; les Belges opprimés la défendent avec autant d'héroïsme que de persévérance. Plus malheureux que nous, parce que leur lutte a été plus longue, ils ont éprouvé le besoin de recourir à leurs anciens frères et concitoyens : prouvons-leur qu'ils ont bien auguré de nos sentimens, et montrons-nous sensibles à leur infortune.

» Qu'un nouvel acte de philanthropie vienne signaler la solennité d'une fête où nous avons célébré les hautes vertus du patriotisme! Puisse le denier de la veuve que vous allez verser pour eux entre mes mains, contribuer à soutenir le courage des Belges, à renverser le joug tyrannique de leur odieux oppresseur, et à faire établir enfin, sur les ruines sanglantes d'un despotisme furieux, une liberté sage et féconde en bienfaits pour l'humanité. Un jour luira peut-être où les Belges, fraternisant avec les Français, pourront leur dire : il n'y a pas seulement de l'harmonie dans nos vues et dans nos principes, il y a sympathie dans nos affections. »

La collecte proposée a lieu, et le produit est remis au F.·. Saunière, qui a prouvé, dans nos trois grands jours, que le courage est toujours inséparable du patriotisme. Le

28 juillet dernier, ce brave citoyen se jeta au milieu des combattans dans la rue des Prouvaires, et fit cesser le feu entre le 15e léger et les habitans de Paris.

Le G.·. Commandeur remet les travaux en activité, et adresse des remerciemens aux FF.·. artistes qui ont concouru à l'embellissement de cette mémorable solennité; il exprime la reconnaissance des Loges réunies en ce jour aux commissaires qui, par leurs soins et leur zèle, ont imprimé à cette fête maçonnique et patriotique, un éclat et une pompe digne de son objet. Une triple batterie est tirée en l'honneur des FF.·. artistes et des FF.·. commissaires!

Les travaux sont ensuite fermés par le G.·. Commandeur, avec les signes et batteries accoutumés, aux cris répétés de vive le Roi des Français! vive le général Lafayette! vive le duc de Choiseul! vive le comte Alexandre de Laborde!

O.·. de Paris, le 9e jour du 8e mois, l'an de la V.·. L.·. 5830, (9 octobre 1830, ère vulg.·.)

Signé à la minute de ce procès-verbal :

Le duc DE CHOISEUL, G.·. Commandeur, *Président*.

Le comte ALEXANDRE DE LABORDE, *Président*.

VUILLAUME, G.·. Dign.·. du Sup.·. Cons.·., 1er *G.·. Surveillant*.

BARATIN, Officier du G.·. O.·. *deuxième Grand Surveillant*.

BERVILLE, *Orateur*.

L. CAILLE, S.·. G.·. I.·. G.·. 33e.·. *Secrétaire*.

Les Commissaires de la Fête,

SAUNIÈRE, BOISSAYE, SÉTIER, ASTIER, LOWASY, DUJARRIER, DECOURCHAMP, BARRY.

Paris. — Imprimerie de SÉTIER, rue de Grenelle-St-Honoré, N° 29.

www.ingramcontent.com/pod-product-compliance
Lightning Source LLC
LaVergne TN
LVHW050221180726
843501LV00013BA/2175